AUTOBIOGRAPHIE POLITIQUE

(1848-1866)

LA POLITIQUE

CONSIDÉRÉE

DANS SES PRINCIPES

ET DANS SON APPLICATION

AUX TEMPS PASSÉS ET AU TEMPS PRÉSENT.

Paris.—Imprimé chez Bonaventure et Ducessois, 55, quai des Augustins.

AUTOBIOGRAPHIE POLITIQUE

(1848-1866)

LA POLITIQUE

CONSIDÉRÉE

DANS SES PRINCIPES

ET DANS SON APPLICATION

AUX TEMPS PASSÉS ET AU TEMPS PRÉSENT

PARIS

CHEZ TOUS LES LIBRAIRES

1866

Cet ouvrage vous est offert, comme le produit d'un savoir qui vous appartient, à vous comme à moi. Ne sommes-nous pas sortis d'une même souche, notre mère commune? Et fruits jumeaux, je n'ai d'autre mérite que d'être, le premier, venu dans la carrière : triste mérite d'aîné, s'il n'avait cette consolante expectative que si, en partant d'un même point, je vous devance d'un stade, on vous verra, vous, mes puînés, marcher dix fois plus vite que moi dans la même ligne et dans le même sens; idéal qui ne saurait échapper à mes prévisions.

31 mars 1866.

AVANT-PROPOS

J'ai vu la situation de la France, politique, morale, philosophique et religieuse, et j'ai cherché à m'en faire un objet de conscience. C'eût été la matière d'un gros volume. Je l'ai condensée dans le présent tableau, qui en est, en quelque sorte, la table didactique, et comme l'index d'un développement qui doit suivre. Je l'ai produite autant populaire que possible. Elle n'est pas d'ailleurs si inabordable qu'un esprit cultivé ne la saisisse aisément. Je crois le contenu plus facile à être compris, que la forme sous laquelle j'en ai fait l'exhibition. C'est pourquoi je donne ci-après l'explication de la contexture de ce tableau.

Cette forme, d'ailleurs, devra d'autant plus trouver une facile excuse, que, de notre temps, on ne lit guère les ouvrages d'une longue étendue ; soit que la culture se trouve fort avancée, alors qu'il faut peu dire pour être entendu, soit qu'il y ait peine à entreprendre une lecture prolongée. De plus, cette forme, telle qu'elle est, considérée comme une schématisation de la matière traitée, un lien de l'idéal au réel, ouvre à l'esprit le champ de l'indéfini appliqué au fini, en raison même de l'esprit qui le conçoit. A ce dernier titre, l'étrangeté de ma déduction acquiert un degré d'appréciation de la part du lecteur intelligent, ce qu'il faut toujours supposer.

Après tout, un livre n'est pas fait pour être lu par tous. Et celui-ci est de nature à n'être recherché que par des hommes qui s'intéressent au développement intellectuel et à la dignité morale de l'humanité. Ce n'est point à dire que ce ne soit là l'universel penchant irrésistible, même de la multitude. Mais la culture du grand nombre se fait principalement par un procédé médiat, c'est-à-dire par l'intermédiaire des hommes supérieurs, qui répandent, de proche en proche, dans l'esprit des hommes inférieurs, les idées qu'un aspect immédiat n'eût point frappé.

On voit, de prime-abord, par la contexture du présent tableau, que la division des matières qui en forment le contenu se montre sous la forme d'une constante dualité (dichotomie), dont la liaison logique est incessante, c'est-à-dire sans interruption du sens qui en fait l'objet. Cela étant, la lecture de ce tableau doit se faire d'après la teneur

même de cette division. Ainsi, sous la lettre majuscule *A*),
se trouve la classe principale, qui est, en quelque sorte, la
détermination d'un chapitre, qui va embrasser, sous cette
première détermination, distincte de celle *B*), également
majuscule, les déterminations ultérieures divisées en *a*) et
b) minuscules, qui, à leur tour, contiennent d'autres déterminations, jusqu'à ce que la matière logique, impliquée
sous la rubrique *A*), soit épuisée. Alors, on passe à la
rubrique *B*), qui est la deuxième classe principale ou la
détermination subséquente de la matière, se divisant de
même en sous-classes *a*) et *b*), celles-ci en *a*1) et *b*1), puis
en *a*2) et *b*2), et ainsi de suite, en autant de divisions que
la matière en comporte. Pour donner un exemple de ce
mode de procéder : les deux pôles primitifs l'*A*) et le *B*)
majuscules, qui représentent, avec leurs sous-ordres, toute
la matière du présent opuscule, étant réunis sous ce titre :
La Politique considérée, etc., c'est ce titre même qui forme
l'*unité* dont l'*A*) et le *B*) sont la *dualité*. Si, pour nouvel exemple, nous venons aux pôles secondaires du *B*) majuscule, page 12, nous avons *a*) page 12 et *b* page 20, qui,
également avec leurs sous-ordres, sont la matière de ces
deux *contenants, a*) et *b*), et trouvent leur trait de réunion dans le *B*) qui, sous le titre de mon *Autobiographie
politique*, forme l'*unité* dont l'*a*) et le *b*) sont la *dualité*,
malgré la distance qui les sépare (de la page 12 à la
page 20). Il en sera de même du *b*), page 20, qui comprend
comme sous-classe *a*1) et *b*1), et qui, à leur tour, formant
la matière de ces deux nouveaux *contenants*, sont réunis
sous ce *b*) qui a pour titre: *Appendice*. Ceci suffit pour

l'explication du reste. — Les lettres alphabétiques n'ont d'autre réalité que celle de servir à établir la susdite méthode divisionnaire ou architectonique; en soi, elles n'ont aucune signification, si ce n'est celle de porter le lecteur, lorsqu'il a atteint un *b*1), par exemple, à revenir à son pôle correspondant *a*1) (sans avoir à le relire), fût-il éloigné, pour rattacher l'un et l'autre, *a*1) et *b*1), à l'ordre primaire *a*), qui en fait l'unité, et par conséquent complète le sens logique. — C'est ainsi que toute dualité (dichotomie) est en réalité une *trinité* (trichotomie) : les deux premiers termes se neutralisant dans un troisième, qui les implique. — Dans les jugements numériques ou de *quantité*, le *singulier* (l'un) dans le *particulier* (qui diffère de l'un) forme le troisième terme : le *général*. Dans les jugements intellectuels ou de *modalité*, le *problématique* (qui n'est que possible) dans l'*assertorique* (qui est effectif) est l'*apodictique* (qui est nécessaire [certain]). — Voilà ce que j'avais à dire comme explication de la *forme:* il me reste à prier le lecteur bienveillant de porter une même attention sur le *contenu.*

Subsidiairement, nous donnons ici la table sommaire des matières, qui est la reproduction du tableau réduit à sa plus simple expression, c'est-à-dire moins les termes intermédiaires :

AUTOBIOGRAPHIE POLITIQUE

(1848–1866)

LA POLITIQUE

CONSIDÉRÉE

DANS SES PRINCIPES

ET DANS SON APPLICATION

AUX TEMPS PASSÉS ET AU TEMPS PRÉSENT.

A) Considérations préliminaires.

    a) *Politique* constituant l'*État*.

      *a*1) Son caractère ou son *principe* : Établissement temporel de la morale, c'est-à-dire réalisation de la justice dans ses effets matériels, ou réalisation des actions morales des hommes par *coercition* = SURETÉ PUBLIQUE (Accomplissement du Droit).

        « La justice, c'est le plus haut des pouvoirs sociaux »
        (M. Rouher. *Corps législatif, séance du* 28 *février* 1866.)

      *b*1) Son moyen obligatoire ou sa *conséquence* = ASSOCIATION JURIDIQUE des hommes, avec caractère de *nécessité*.

    b) Conditions pour acquérir la connaissance de la *politique* ou science de l'*État*.

      *a*1) Condition *positive* = Investigation du savoir dans le développement progressif de l'humanité, manifesté *à priori* par la philosophie, *à posteriori* par l'histoire.

      *b*1) Condition *négative* = Exclusion de préoccupations politiques ou de partis pris, comme *systèmes, compromis, opinions*, etc.

B) Mon *autobiographie politique* (1848-1866).

   a) Considérations spéculatives de la science et de la gestion de l'État = *Distinction.*

     *a*1) Science de l'État = Résultat *spéculatif* du développement progressif de l'humanité, considéré comme plus ou moins rapproché de la vérité dans l'exercice de la justice, comme *but* de la politique.

     *b*1) Gestion de l'État = Application des principes de la politique, au point *pratique* de son développement ou de l'exercice de la justice, comme *moyens* de la politique.

     *a*2) Mes recherches sous ces deux aspects, de science et de gestion de l'État.

     *b*2) Application de ces recherches à la réalité politique.

     *a*3) Principes *à priori* (*déduction* tirée de *lois*).

     *a*4) Élément *national.* = Mon Principe *propre*, spontané, fondé sur les droits inhérents à l'homme. (*Droit intérieur, inné* [*meum aut tuum internum*] (Le mien aussi bien que le tien), qui rend possibles tous les autres droits quelconques; base, ici, de cet élément *national.*)

> *Nota.* — Un droit du tien et du mien pose une *thèse de contradiction*, dont la conciliation semble, tout d'abord, impossible. Mais, en s'élevant à la conception transcendantale (qui a son principe hors du temps et son application dans le temps), d'une telle opposition, dans laquelle les relations juridiques ne sauraient s'établir, on voit évidemment que ce qui est mon droit (*meum*) appartient avec autant de vérité au droit d'autrui (*tuum*); et cette considération idéale constitue une *schématisation intellectuelle* qui permet le lien entre ces deux droits opposés, au moyen du *devoir intérieur* (*lex justi*), qui donne lieu au *droit de coercition* (*coactio*), objet juridique et fondamental de l'État ou de *la Souveraineté rationnelle*, impliquant, dans sa neutralisation, comme nous allons le voir à l'instant, le droit (l'élément national), et le devoir (l'élément moral); droit et devoir, sans lesquels la société ne saurait exister.

     *a*5) Mon *premier guide.*

     *a*6) Preuve = L'essence même de ma nature (organisation physique et hyperphysique) donnée par le Créateur, qui, à l'instar de la division téléologique des sexes pour la propagation de l'espèce humaine , a réparti le *sentiment* et la *cognition,* en presque égale proportion, pour le maintien de la *religion* et de la *philosophie,* ces deux principes de la réalité humaine, et par conséquent de la réalité politique, avec possibilité ultérieure de leur réunion identique, au moyen de la raison absolue. = Ma COGNITION DOMINANTE, même EXCLUSIVE.

*a*7) *Sentiment :* faculté psychologique de l'homme, qui produit la *foi,* d'où procède la *religion :* première manifestation subjective de la raison.

*b*7) *Cognition :* faculté psychologique de l'homme , qui produit la faculté de *principes et de conséquences,* d'où procède la *philosophie :* seconde manifestation subjective de la raison.

*b*6) Ma sympathie pour le peuple, considéré comme ensemble de l'humanité.

*b*5) Insuffisance de ce premier guide (l'élément *national*).

*a*6) Excentrique dans ses postulats indéfinis.

> « Je comprends les mobiles du genre humain, si vivement
> « surexcité; c'est notre raison personnelle qui, trop fière d'elle-
> « même, ne veut ni règle, ni joug! C'est notre vanité person-
> « nelle qui, dans ses emportements, sacrifierait volontiers toutes
> « les garanties de la paix sociale, au bruit, à l'éclat et à toutes
> « les séductions de la renommée. » — « Si un peuple veut être
> « libre, il faut qu'il croie, et, s'il ne veut pas croire, il doit re-
> « noncer à la liberté. »(M. Rouland. *Sénat, séance du 2 mars* 1866.)

*b*6) Me porte à une recherche ultérieure.

*b*4) Élément *moral* : mis dans l'homme, dans son organisation terrestre, mon *second guide.* (*Devoir juridique intérieur* [*lex justi*] : *soyez juridiquement honnête homme;* base, ici, de cet élément moral.)

*a*5) Limite l'élément national, et définit son indétermination, dès lors soumis à l'*obligation impérative de la morale* (Imputation et dignité morales).

*b*5) Coïncide avec le postulat juridique de la raison.=Élément *rationnel,* mon *troisième guide,* impliquant, dans sa *neutralisation,* comme SOUVERAINETÉ FONDAMENTALE OU RATIONNELLE (Législativité).

*a*6) Par l'élément *national,* la SOUVERAINETÉ HUMAINE OU NATIONALE, constituant le *droit public,* qui s'écrit dans

les chartes et fixe les progressifs droits politiques.
(Le *droit extérieur*, combiné avec le *droit en général*,
considéré comme liberté de l'arbitre de chacun.)

*b*6) Par l'élément *moral*, la SOUVERAINETÉ DIVINE OU MORALE,
constituant le *droit privé*, qui s'écrit dans les codes
et sauvegarde les intérêts de propriété et de famille.
(Le *droit intérieur*, combiné avec le *droit en général*,
considéré comme liberté de l'arbitre de chacun.)

*b*3) Données *à posteriori* (*induction* tirée de *faits*).

*a*4) Développement politique, manifesté et confirmé par l'histoire.

1° Chez les *Peuples orientaux* = ÉTAT SOCIAL, ou système
théocratique, où domine le but *physique*, postulé par la
nature, et réalisé dans l'*association sentimentale* des
hommes, dans laquelle l'élément *moral*, développé
par le *théisme*, se combine avec l'élément *rationnel* (ici
le *sultanisme* : abandon des droits publics en faveur
des droits privés).—Ici, le caractère moral des hommes,
le *devoir*, porte le caractère de *passivité* (Tu ne feras
pas), ou de soumission à un commandement étranger
(Les Védas, le Décalogue).

2° Chez les *Grecs* et *les Romains*. = ÉTAT POLITIQUE (propre-
ment dit), ou système *aristocratique* (Liberté et escla-
vage), où domine le but *moral* postulé par la *liberté*, et
réalisé dans l'*association juridique* des hommes, dans
laquelle l'élément *national*, développé par la *philosophie
pratique*, se combine avec l'élément *rationnel* (Exercice
des droits publics). — Ici, le *devoir* porte le caractère
d'*activité* ou de soumission à un mouvement propre
(Spontanéité pratique).

3° Chez les *Peuples chrétiens*. = ÉTAT REPRÉSENTATIF des
droits éthiques et civiques : son développement *spirituel*
(éthique) sous Grégoire VII (Juridiction canonique) ; son
développement *temporel* (civique) sous Charlemagne
(Juridiction féodale). — Ici prédomine le but *religieux*
postulé par la dignité *religieuse* (égalité devant Dieu), et
réalisé dans l'*association éthique* des hommes, où l'élément *moral*, développé par le *christianisme*, se combine
avec l'élément *rationnel*.—Le *devoir* porte ici le caractère

d'une délibération intime (rationnelle) ou de soumission à la loi concrète de *faire à autrui ce que nous voudrions qu'il nous fît.*

4° Chez les *Peuples protestants.* = ÉTAT CONSTITUTIONNEL ou système *harmonique* entre la souveraineté morale ou divine et la souveraineté nationale ou humaine, comme concours à la *constitution de l'État.* — Ici domine le but *intellectuel*, postulé par la dignité *philosophique* de l'homme (égalité devant la loi), et réalisé dans l'*association cognitive* des hommes, où l'élément *national*, développé par la *philosophie spéculative*, se combine avec l'élément *rationnel.* — Le *devoir* porte ici le caractère abstrait du devoir pour le devoir, exclusivement à tous intérêts (Spontanéité spéculative).

    α) Maxime de l'action = *Agissez moralement par devoir.*

    6) Buts ou fins de l'action = *Fixez à votre action des fins qui puissent devenir des lois générales de l'action de tout le monde.*

*b*4) Critérium ou règle pour apprécier le Gouvernement constitutionnel, dernière *donnée* du développement progressif de la politique.

*a*5) Résultat de ce dernier gouvernement. = Présence simultanée des deux souverainetés, morale et nationale, revendiquant leurs buts respectifs opposés (Whigs et Torys; libéraux et illibéraux).

*a*6) ANTINOMIE SOCIALE dans la raison temporelle, avec caractère de *nécessité.*

*b*6) Dangers imminents = Leurs causes : *Inconciliabilité et indestructibilité* des principes antinomiens.

*a*7) D'un côté : Tendance à l'exclusive souveraineté nationale = PROGRESSION DE LA LÉGALITÉ A LA LIBERTÉ, ET DE LA A L'ANARCHIE.

*b*7) De l'autre : Tendance à l'exclusive souveraineté morale = RÉGRESSION DE LA LIBERTÉ A L'AUTORITÉ , ET DE LA AU DESPOTISME.

*a*7) *b*7) *Tempérament : Juste milieu*, avec exclusion alternative de l'une et de l'autre souveraineté = TENTATIVE DE CONCILIATION DES DEUX SOUVERAINETÉS OPPOSÉES : Impossibilité absolue à cause du caractère de l'antinomie.

*a*8) Principes de l'antinomie.

*a*9) L'antinomie n'est pas *contingente* (ou fait *fortuit*).

*b*9) Elle est *nécessaire* dans son essence même, comme un fait *actuel* du développement de la raison : la thèse et l'antithèse d'une égale valeur rationnelle.

*a*10) *Thèse* : Les droits n'existent qu'en vertu des *devoirs* imposés par les lois morales = LA SOUVERAINETÉ DES ÉTATS PROVIENT DE DIEU. (Universalisation de l'autorité souveraine dans un seul membre de la société politique. [*Monarchie*].)

*b*10) *Antithèse* : Les devoirs n'existent qu'en vertu des *droits* de l'homme, reconnus et confirmés par sa raison = LA SOUVERAINETÉ DES ÉTATS PROVIENT DES HOMMES. (Individualisation de l'autorité souveraine dans chacun des membres de la société politique [*République*].)

*b*8) Conséquences de la conciliation tentée par le *Juste milieu*.

*a*9) Négativement, elle est une atteinte et même une destruction des desseins du Créateur dans l'existence de l'humanité, pour le développement de la *réalité humaine*, jusqu'à l'accomplissement de ses destinées absolues, sous la garantie de l'État ou de la politique.

*b*9) Positivement, elle conduit à la coalition des partisans des deux souverainetés opposées, morale et nationale.

*a*10) Renversement de la monarchie du *Juste milieu*.

*b*10) Révolution de 1848 = FONDATION DE LA RÉPUBLIQUE : Sinistre complication politique de la France, et par la France, dans le monde civilisé.

*b*5) *Systèmes* produits en vue de conjurer cette sinistre complication, considérée comme faux résultat du gouvernement constitutionnel.

*a*6) Systèmes *funestes* :

*a*7) Système *réactionnaire*, en vue de reconquérir un pouvoir perdu = STÉRILE.

*b*7) Systèmes *socialistiques* = ABSURDES ET DESTRUCTEURS.

> 1° *Organisation du travail.*
>> α) Par l'*État* : Organisation impossible ; obstacle à la libre concurrence du travail et à la libre répartition du produit social=DISLOCATION DU TRAVAIL ; ÉQUILIBRE ÉCONOMIQUE ROMPU.
>> 6) Par les *individus :* libres associations, limitées par la nature même du travail et l'inégalité (difficile à contrôler) dans la capacité de l'ouvrier : simple *contingence* pratique, sans obligation *nécessaire.*

2° Système *Proudhon* = Ses Confessions, ses Banques, etc.

3° Système *P. Leroux* = *Pesanteur universelle ;* en d'autres termes, pression réciproque des hommes les uns sur les autres ; attraction et répulsion. (Quasi-fouriérisme.)

> α) Loi d'inertie, propre à la matière (*Nature*).
> 6) Non applicable à l'homme, doué de spontanéité(*Liberté*).

4° Le *National* = *Perfectibilité* ou progrès indéterminé : les brigands le déterminent à leur guise.

5° La *Presse* = Misère du peuple comme *effet,* attribuée à l'ignorance économique de l'État comme *cause :* fausse et confusionnelle règle étiologique.

> α) L'objet de l'État porte sur des questions morales, du ressort de la *Liberté* (spontanéité).
> 6) L'objet de l'Économie porte sur des questions physiques (animales), du ressort de la *Nature* (inertie).

6° Doctrine *physiocratique* = Superfétation de l'argument des Encyclopédistes du XVIIIe siècle, qui sera signalé plus bas (Philosophes libéraux).

> α) *Saint-Simonisme* et *Fouriérisme* , *Philosophie positive* , *Morale physique*, etc.
> 6) Leur principe et conséquence : « Perversion systéma-
>> « tique des conditions physiques de l'homme, en
>> « faisant considérer ces conditions passives comme
>> « ayant une *réalité absolue*, quand elles n'ont d'autre
>> « réalité que celle relative au développement des
>> « conditions hyperphysiques de l'homme, dont il
>> « reçoit la spontanéité de sa raison = PRÉTENTION
>> « DE TRANSMUER LA MATIÈRE EN ESPRIT ; DESTRUCTION
>> « DE LA PHILOSOPHIE. »

7º Doctrine *hiérocratique* = Superfétation de l'argument
des Jansénistes, qui sera également signalé plus bas. (La-
mennais, Buchez; médecins empiriques, etc.)

α) Les *Paroles d'un croyant; Hygiène morale*, etc.

6) Principe et conséquence : « Perversion systéma-
« tique des conditions hyperphysiques de
» l'homme , en faisant considérer ces hautes
« conditions , auxquelles l'homme doit la virtua-
« lité créatrice de sa raison, comme étant un
« *pouvoir destructeur* de ses destinées, en ce
« qu'elles arrêtent en lui les élans physiques de
« la vie, et tendent à anéantir ses conditions phy-
« siques = Prétention de transmuer l'esprit en
« matière ; destruction de la religion. »

*b*6) Système *salutaire*.

*a*7) Identité des deux souverainetés, *morale* et *nationale*, au
moyen de la souveraineté *rationnelle*, par un retour de
ces deux souverainetés dans cette dernière, qui les implique virtuellement comme élément fondamental = État
politique absolu ou système *antinomien* : développement
final des facultés politiques, et constitution du *règne de la
raison* (règne de l'homme), au moyen de la culture du
savoir élevé aux régions absolues, où les principes et les
conséquences de ces deux souverainetés, jusqu'alors hétérogènes, sont une seule et même réalité politique;
solution de l'antinomie ; dignité *absolue* de l'homme, réa-
lisée dans l'*association antinomienne* des hommes, en vue
du but final de la morale ou de l'accomplissement de
la justice dans l'État. — Ici, le *devoir* porte le caractère
péremptoire d'une *connexion entre la morale comme cause*,
avec l'immortalité comme effet. (Fin *autonomique* [ayant en
soi la maxime de son but], principe *spéculatif* du devoir; et action *autotélique* [ayant en soi le but de son ac-
tion], principe *pratique* du devoir) = *Degrés ascensionnels
ou progressifs vers cette connexion.*

*a*8) Volonté morale, puisée dans ce qui est hors des conditions du temps, l'*Inconditionnel*. (Cette volonté prend sa
détermination en elle-même ou dans l'essence même
de son action [le savoir]).

*a*9) Considération *spéculative*.

   *a*10) Caractère *subjectif* de la volonté = Impérativité (donnant la force de la *maxime*).

   *b*10) Caractère *objectif* de la volonté = Devoir (donnant la faculté des *fins morales*).

*b*9) Considération *pratique*.

   *a*10) *Subjective*.

     *a*11) *Maxime* de l'action = Agis moralement par devoir.

     *b*11) *Buts* de l'action = Fins morales, avec susceptibilité de devenir lois générales de l'action de tout le monde.

   *b*10) *Objective*.

     *a*11) Devoirs *purs*.

       *a*12) Envers nous-mêmes = Perfection propre.

         *a*13) *Négative* ou conservation de l'état *actuel* (*Perfice te ut finem* [Perfectionne-toi jusqu'à la fin]).

         *b*13) *Positive* ou amélioration de l'état *actuel* (*Perfice te ut medium* [Perfectionne-toi jusqu'au centre, jusqu'au plus haut]).

       *b*12) Envers les autres = Félicité des autres.

         *a*13) Considérés purement comme *hommes* = Amour et estime.

         *b*13) Considérés par rapport à la différence des *conditions*.

           *a*14) *Objectivement* = Dans l'état de leur pureté morale ou de leur corruption ; dans l'état sauvage ou civilisé.

           *b*14) *Subjectivement* = Dans l'état de l'homme éclairé ou ignorant ; d'une personne jeune ou d'un vieillard.

     *b*11) Devoirs *mixtes* = Devoirs de sociabilité (facilité de l'abord ; popularité ; affabilité ; politesse ; hospitalité ; modération dans la contradiction, etc.).

*b*8) Volonté absolue (Détermination du bien et du mal, dans l'acceptation du bien comme légalité absolue, et dans l'exclusion du mal comme illégalité absolue).

   *a*9) *Devoirs suprêmes* = Dévouement a l'absolu (à l'inconditionnel).

   *b*9) *Fins suprêmes* = Triomphe de la vérité (d'où tout procède).

*a*9-*b*9) *Sainteté suprême* = VÉRITÉ PROTECTRICE ou PROTECTION SUPRÊME (de toutes les existences).

> *Nota.* — Cette théorie de la *Volonté* est un extrait modifié, tiré de l'*Apodictique*, manuscrit inédit de Wronski, donné à la Bibliothèque impériale le 5 juillet 1865, par Mme Wronski, décédée le 27 du même mois. (Voyez *Notice sur Wronski.* — *Paris, Ladrange*, 1865.)

*b*7) Les représentants à l'Assemblée législative ont l'obligation impérative de prononcer l'aveu de ce système salutaire.

*a*8) Il appartient à l'État de l'accomplir.

*b*8) A défaut de l'État, les hommes politiques et nommément les hommes supérieurs doivent y tendre et en développer la connaissance. = Leur UNION dans ce but politique péremptoire doit s'opérer et agir par la voie *spéculative*, et non par la voie *pratique*, pour ne porter ni ombrage, ni atteinte au pouvoir constitué.

b) Appendice (1849-1866) (*).

*a*1) Élection du prince Louis-Napoléon à la présidence de la République = MANIFESTATION PROVIDENTIELLE.

*a*2) Série de faits en dehors de toute vraie politique.

*b*2) Coup d'État du 2 décembre (1851) = PRÉSAGE D'UNE POLITIQUE VRAIE.

*a*3) Anéantissement des prétentions à la restauration d'un passé déchu; et obstacle au maintien d'une république sans condition d'existence.

*b*3) Le prince ouvrira-t-il la voie à l'identification des deux souverainetés hétérogènes, postulée par le système *salutaire* (antinomien)?

*a*4) L'Empire de Napoléon Ier lui en signale l'initiative.

*b*4) *Le Secret politique de Napoléon Ier* (ouvrage de Wronski) développe les principes de cette identification.

*a*5) *La Métapolitique* (autre ouvrage de Wronski) offre la constitution absolue de la politique, intérieure et extérieure.

(*) Ce *b*) est relié à l'*a*) par le B) page 12.

*b*5) Que d'éléments pour fermer l'*ère des révolutions!*

*b*1) Élection du prince à l'Empire = Vote des Français (1852).

*a*2) Constitution octroyée au nom de la *grâce de Dieu* (lois divines) et de la *volonté nationale* (liberté humaine).

*a*3) Sa valeur, comme principe, au moins apparent.

*a*4) Identification du droit divin et du droit humain dans la personne du *souverain*.

*a*5) Elle est l'indice d'une connexion entre ces deux droits sans prédominance alternative de l'un sur l'autre, ainsi qu'il en était dans le *Gouvernement constitutionnel* antérieur.

*a*6) Plus de journaux qui revendiquent le système exclusif de la souveraineté divine.

*b*6) Plus de journaux qui revendiquent le système exclusif de la souveraineté humaine.

*b*5) Cette identification se fera-t-elle dans la personne morale des *sujets?* = Culture politique a développer.

*b*4) Caractère principal de la constitution de l'Empire.

*a*5) Concession à la volonté nationale = Suffrage universel.

*a*6) Maintien de la tendance au principe révolutionnaire de l'exclusive souveraineté du peuple.

*b*6) Conséquence immédiate du suffrage universel dans une élection politique quelconque.

*a*7) Sa base = Opinion publique, qui n'est qu'un reflet de la manifestation personnelle des rédacteurs de journaux.

« Si l'on recherche la nature de la presse, on « trouve qu'elle consiste dans une influence politique « considérable et incontestable, résultant de l'habitude de plus en plus générale du public français, « de suivre dans un journal de son choix, le développement des affaires publiques. » (M. Granier de Cassagnac, *séance du 16 mars* 1866.)

« Qu'est-ce donc que le journalisme, ce monologue « quotidien, cette tribune toujours ouverte, sans « contradicteur, sans personne pour réfuter ses doctrines, allant trouver des lecteurs curieux ou indifférents, les pénétrant chaque jour profondément et « à leur insu, leur servant chaque jour des passions « toutes faites, des impresssions toutes produites « contre les hommes et contre les choses. » — « Tant « que les progrès des mœurs publiques n'auront pas « élevé leurs digues et leurs remparts, il faut que la « liberté de la presse soit contenue par des lois efficaces. » (M. Rouher, *séance du* 19 *mars* 1866.)

*b*7) Ses effets :

*a*8) Comme prétention (*but*) à diriger la nation. = FAVEUR AUX INTÉRÊTS ET AUX PASSIONS DE LA MULTITUDE.

*b*8) Comme formation (*moyens*) de la *majorité légale des voix.* = La majorité des voix ne saurait accuser les *principes* de la vérité politique : vérité qui est l'objet d'une haute culture intellectuelle; elle peut, au plus, distinguer la vérité des *faits*.

*a*9) Ces principes ne sauraient être l'œuvre de la multitude.

*b*9) Comme création, ces principes sont un acte intellectuel, spontané et *individuel*, subséquemment communicable à la multitude.

*a*10) Les rédacteurs de journaux, littérateurs, ces promoteurs de l'*opinion publique*, à laquelle on doit la *majorité nationale*, ne peuvent que discourir avec des *opinions* dépourvues de la *certitude politique*; certitude qui, à cause de l'actuelle antinomie sociale, si manifeste, porte sur une détermination autre qu'une *opinion*.

*b*10) Leurs déclamations faciles à réduire à l'absurde par la preuve apogogique : exemple et application de cette règle :

*a*11) Avancer que l'*identité* dans la réunion des deux souverainetés, morale et nationale, au moyen et sous l'égide de laquelle le développement des destinées absolues des hommes s'accomplirait; avancer qu'une telle identification ne saurait s'opérer aboutirait à découvrir le néant de l'humanité.

*a*12) C'est là l'axiome favori des *matérialistes par science* (Républicains athées).

*b*12) D'où résulte que la politique *spéculative* (par principes) est un *non-sens*; la moralité, une *superfétation* dans l'État; et la coercition de l'État à l'action morale (la loi), une *soumission conventionnelle* (arbitraire).

*b*11) L'humanité ne peut être le néant sans tomber dans une destructive contradiction des principes de l'univers.

*a*12) Absurdité de cette contradiction.

*b*12) L'identité en question doit exister *nécessaire-*
ment = Preuve apogogique (par l'absurde).

*b*5) Dangers du suffrage universel.

*a*6) En premier lieu = *Permanence du principe révolutionnaire*
de l'exclusive souveraineté du peuple.

*a*7) Cette souveraineté, comme telle, n'a qu'une valeur
physique, relative à la vie purement animale, entre-
tenue et exaltée par les matérialistes par science.

*a*8) L'exercice d'une telle exclusive souveraineté constitue-
rait la zoocratie.

*b*8) De là, rétablissement du principe de l'*anarchie*, et destruction, au moins paralysie, de l'*autorité*.

*b*7) Cette souveraineté, comme telle, ne reçoit de valeur *mo-*
rale que par sa soumission aux lois divines (innées)
de la morale.

*a*8) Dès lors, implique le devoir impératif de n'obéir qu'à
ces lois divines = Dignité morale du peuple.

*b*8) Dès lors, et seulement alors, devient *autorité politique*
négative, c'est-à-dire apte à refuser l'obéissance à
tout ce qui ne serait pas conforme aux lois divines
de la morale (seule légitimation de l'axiome : *l'in-*
surrection est le plus saint des devoirs). = Caractère
fondamental et unique (sous les conditions actuelles
du savoir) de la souveraineté humaine ou nationale,
dans son concours à la constitution de l'État.

*a*9) En vertu de cette autorité négative et *conditionnelle*,
l'homme doit revendiquer tous les droits propres à
l'ampliation de sa *réalité*, intellectuels, moraux,
philosophiques, politiques, religieux, économiques, etc. = Droits de la vérité.

*b*9) Le refus de ces droits par l'autorité *positive* (souveraineté divine), subsistante nonobstant toutes
conditions (*inconditionnelle*), rétablirait le principe
de *despotisme*, et détruirait, au moins paralyserait,
la *liberté*.

*b*6) En deuxième lieu : l'existence exclusive de la souve-

raineté du peuple, c'est-à-dire le manque de soumission de la part de celle-ci aux lois morales constitu-
tives de la souveraineté divine, et bases de l'autorité
positive, serait une contradiction dans le postulat
politique de la souveraineté du peuple même == Sa
DESTRUCTION PROPRE (impossible d'après la susdite
preuve apogogique.)

*a*7) Priverait le peuple de sa dignité morale, dont il est
revêtu uniquement par sa soumission aux lois
morales.

*b*7) Porterait atteinte aux droits mêmes du peuple, dont
la garantie est précisément dans cette souveraineté
du peuple (autorité politique négative).

*a*6–*b*6) Modifications possibles aux dangers du suffrage universel == INFLUENCE GOUVERNEMENTALE.

*a*7) Par mesures administratives, par faveurs départe-
mentales et communales, par distribution d'emplois
et de décorations, par des immunités, des pro-
messes, voire même par des intrigues et la corrup-
tion, etc.

*b*7) Moyens précaires qui ne dépassent pas une certaine
mesure de succès : seule science *pratique* des
hommes d'État, qui dédaignent la science *théorique*
de l'institution et de la gestion des États.

*b*3) Jeu de la constitution de l'Empire.

*a*4) Programme *personnel*.

*a*5) A l'*intérieur* : ordre, autorité, religion, bien-être du peuple ; à l'*extérieur* : dignité nationale.

*b*5) Tous les souverains proclament un tel programme.

*a*6) Négativement : il n'accuse aucun développement
ultérieur de la réalité politique.

*b*6) Positivement : il accuse la volonté de sauvegarder
l'État par les susdits moyens d'ordre, d'autorité, etc.

*b*4) Action constitutionnelle ou exécutive.

*a*5) A l'*intérieur*.

*a*6) Moyens *immédiats*.

*a*7) Direction sous cette action constitutionnelle.

*a*8) Nulle.

*a*9) Sur la *philosophie*, base de la souveraineté humaine, fondée sur l'argument des encyclopédistes, principe, à son tour, de la philosophie en France (nonobstant tout appareil éclectique et synchrétique) : « Tout ce qui « n'est point saisissable par les sens, est une chimère « sans réalité. » $=$ ANTIRELIGIOSITÉ PHILOSOPHIQUE, OU MATÉRIALISME PAR SCIENCE.

*a*10) *Moyens* pour le *but*, de la part de la philosophie.

*a*11) Invoque la *loi du progrès*, sans connaître ni le principe, ni le développement, ni l'objet (l'accomplissement des destinées absolues de l'humanité) de cette majestueuse loi; problème dont, d'ailleurs, pour cette philosophie, la solution consiste à faire triompher les susdites opinions nationales, sous le nom inepte de *perfectibilité*.

*b*11) Croit ainsi porter obstacle à la *stabilité de la raison*, qui est le principe de la souveraineté divine, son antagoniste.

*b*10) Opposition gouvernementale $=$ JEU DE BASCULE.

*a*11) Par une protection de la souveraineté divine, sans laquelle, la souveraineté humaine triomphant, l'anarchie serait *infinie*, et l'autorité *zéro*.

*b*11) Paralysie des moyens pour le but, dans la philosophie $=$ PRIVILÉGES CLÉRICAUX.

*b*9) Sur la *religion*, base de la souveraineté divine, fondée sur l'argument des Jansénistes; principe, à son tour (non avoué), de la religion en France (nonobstant tout appareil mondain et rationaliste, moral ou religieux) : « La vérité ne peut nous être connue, parce que « nous sommes les héritiers de la chute; et c'est en « expiation du péché que la vérité nous est interdite. » $=$ ANTIPHILOSOPHISME RELIGIEUX, OU SPIRITUALISME PAR MYSTÈRES.

*a*10) *Moyens* pour le *but*, de la part de la religion.

*a*11) Invoque la *stabilité de la raison* (obstacle à tout développement rationnel) $=$ DÉMENTI DONNÉ A CE SA-CRILÉGE.

*a*12) Aux termes des Saintes-Écritures : *Tout mystère sera levé.*

*b*12) Par la venue du Paraclet (*Docebit omnia*) : l'*Esprit de vérité.*

*b*11) S'efforce ainsi à porter obstacle à la *loi du progrès* de la souveraineté humaine, son antagoniste.

*b*10) Opposition gouvernementale $=$ JEU DE BASCULE.

*a*11) Par une protection de la souveraineté humaine, sans laquelle, la souveraineté divine triomphant, le despotisme serait *infini*, et la liberté *zéro*.

*b*11) Paralysie des moyens pour le but, dans la religion $=$ PRIVILÉGES UNIVERSITAIRES.

*b*8) La France s'abâtardit dans les errements du passé $=$ PRÉSAGE FUNESTE.

*a*9) Combattu par des incitations artificielles à des ressources physiques pour des besoins physiques, par des moyens physiques. $=$ PRÉTENDU MAINTIEN DE LA CIVILISATION.

« Partout » (dit excellemment M. Louis Peisse, dans sa préface, bien remplie et bien pensée, des *Fragments de Philosophie, par M. W. Hamilton. — Paris, Ladrange,* 1840), « à la tribune, dans les « journaux, dans les sociétés savantes, on propose, au nom de « l'*utilité*, des modifications plus ou moins radicales... L'éduca- « tion professionnelle et de plus en plus en plus spécialisée..., « généralisée sur une grande échelle, transformerait une na- « tion en un atelier, une fabrique, un comptoir; elle ne créerait « que des machines et non des hommes. . L'homme, en naissant, « ne sait rien, c'est qu'il est fait pour tout apprendre; s'il savait « quelque chose en naissant, il ne saurait jamais que cela... Sans « doute, l'éducation professionnelle est indispensable, mais elle « doit être préparée par l'éducation publique... basée sur la reli- « gion, la morale, les lettres, la philosophie... N'oublions pas que « ce qui fait l'honneur, la force, la puissance des nations, c'est « le moral... qui les rend dignes de la direction de l'humanité. « Ne nous pressons pas trop de devenir Américains. *Dii omen « avertant!* » — Heureusement, la nature humaine cherche à ne point perdre tout à fait ses hauts attributs; mais, comme ce penchant vers de nobles effets a pour cause une défaillance caracté-ristique déjà signalée, que voyons-nous? Nous le dirons avec M. J. Favre, car nous nous plaisons à trouver des appuis : « Si je « voulais interroger la littérature moderne, qui est l'expression « des mœurs, est-ce que je n'aurais pas à présenter des observa- « tions saisissantes?... »

*b*9) Entretenu par des suggestions à l'indifférence politique.

« Système du gouvernement pour détourner des libertés poli-tiques: *Laissons les théories, occupons-nous de faire le bien du peuple.* » (M. Thiers, *séance du 26 février* 1850.)

*a*10) Étouffement de l'*esprit public.*

*b*10) Indifférentisme sur toutes questions morales, et relâchement social = IMMORALITÉ PUBLIQUE (assez transparente pour être accusée par le théâtre : *Les Indifférents ; Moi ; la Famille Benoîton ; le Supplice d'une femme ; Henriette Maréchal*, etc., etc.). Ici, l'effet se fait cause.

Nota. — Sans doute, l'art, considéré en général, et la littérature en particulier, puise ses sources en soi, indépendamment de tout but, si ce n'est celui de réfléter tous les sentiments et toutes les passions, le bon, le mauvais, le vicieux, le laid comme le beau. A ce titre, et par la production de son œuvre, l'artiste n'est ni immoral, ni licencieux, ni pieux, ni impie; il est artiste, peintre de la nature dans ses nuances multiples, dont il relève la réalité en l'exaltant jusqu'à l'idéal, où rayonne, dans le fini représenté, l'infini de son essence. Tel est le but de l'art, en opposition à la religion et à la philosophie qui portent, à l'exclusion de l'imagination, vaste domaine de l'art, celle-là sur l'épuration morale de l'être, celle-ci sur la connaissance intellectuelle du savoir. Ce n'est point à dire que l'art ne doive pas tendre à réveiller les hautes pensées et à disposer l'esprit à la noblesse et à l'élévation des sentiments. Mais, ce n'est là qu'un but éloigné, qui implique la réflexion, nuisible à l'inspiration, source de l'art. Son unique objet consiste donc à représenter la nature sous ses différents aspects, non point en l'imitant, mais en la surpassant dans sa réalité, en vue d'en atteindre l'essence.

Dans ce vaste champ, ainsi ouvert à l'art, il est cependant des limites dans lesquelles il doit se renfermer. Une création licencieuse (plastique) ne saurait être admise dans une exposition publique. Ce qui rend le fait *sensible* inadmissible ici, pourquoi, là, le fait *intellectuel* qui reproduit ce fait sensible, et le reproduit avec une intensité indéfinie, est-il admis dans une représentation *scénique?* Ici, les spectateurs, les uns *actifs*, les autres *passifs* du fait licencieux représenté, se sentent d'autant plus atteints que la communication *individuelle* s'agrandit en raison même de la participation *universelle*, environnante. De là, l'idée monte au front de chacun, pesant comme un fait sur tous les membres assistants; et l'universalité, montrée ainsi si compromise, n'apparaît plus que dans une dissolution sociale, dans laquelle l'État semble pencher vers une fin prochaine.

Si la peinture morale doit descendre dans ces arcanes de l'enfer, il appartient au roman, cette épopée bourgeoise, d'en faire l'exhibition. L'individu lecteur est libre de fermer le livre; dans tous les cas, il ne rougit que pour lui-même, et avec lui-même. — Le tact de Molière et de Shakspeare n'a point failli à la peinture morale de leur temps. Chez eux, si l'imagination du spectateur s'attend au *sérieux*, elle est désappointée par la raison qui produit le *comique*; et le *rire* sauve la moralité de la situation : *ridendo castigat mores*.

— Où il y a similitude et égalité, il y a congruence; mais le jury théâtral n'est pas tenu d'être une cour canonique.

*b*7) Pression physique = LA FORCE ARMÉE (la police, les mesures préventives, les communiqués, les avertissements avec force de chose jugée, etc.).

> « L'autorité politique parviendra à prévaloir, afin d'établir, par le
> « principe du droit divin, plus ou moins caché, au moins un *ordre*
> « *physique,* à défaut de la possibilité actuelle d'établir un ordre
> « moral. On introduira alors, pour la conservation d'un tel ordre
> « physique, fondé sur la force armée, à la place du droit de non-in-
> « tervention, un nouveau et tout opposé droit national, ayant pour
> « objet la *solidarité réciproque* des gouvernements contre les insurrec-
> « tions des peuples. Et les peuples qui, à aucune époque, ne peuvent
> « établir une pareille *solidarité entre eux,* se voyant alors réduits à
> « l'impossibilité de découvrir et surtout de réaliser la vérité sur la
> « terre, commenceront par former des ligues, plus ou moins ou-
> « vertes, surtout d'innombrables sociétés secrètes, et finiront, s'il le
> « faut, par rétablir l'invincible tribunal secret, la *Sainte-Fehme,* qui
> « frappera de mort tous les personnages éminents, jusqu'à ce que
> « les peuples, et avec eux le droit humain, triomphent de nouveau
> « à leur tour. » (*Prédictions scientifiques.* Juin 1849. Wronski.)

*a*8) N'établit qu'un ordre *physique,* précaire.

*b*8) Ne ferme point l'*ère des révolutions* (annonce aléatoire). = Les révolutions ont ordinairement pour cause le manque de satisfaction ou de concession aux incessants et éternels intérêts moraux, progressivement extensifs de la réalité humaine = FORCE MORALE RÉACTIVE ET INVINCIBLE.

*a*9) Anomalie dans la manifestation *directe* de cette force.

*a*10) *Visible* = Socialisme; positivisme; franc-maçonnerie; morale indépendante, etc.

*b*10) *Invisible* : désordre spirituel = CACODÉMONIE.

*a*11) *Règles* de la Cacodémonie.

*a*12) Règles *théoriques* = THÉORIE DE L'ANÉANTISSE-MENT (Dénûment progressif de la réalité, c'est-à-dire : destruction ; imposture ; annihi-lation morale; satanisme; jusqu'à la damnation propre.)

*b*12) Règles *techniques* = ASSOCIATION CACODÉMONIQUE (ses fins ou buts: *atteinte à la gloire de Dieu,* dans l'obstacle apporté à l'accomplissement des destinées humaines; ses moyens : *Destruction propre et éternelle*).

> *Nota.* — Cette association est nécessairement *secrète* ; et c'est dans l'ombre de l'enfer, réalisé

ainsi sur la terre, que sont transmis, d'âge en âge, ses statuts destructeurs, depuis le commencement du monde.... C'est dans ces repaires infernaux que sont développées, discutées et conservées les théories ci-dessus signalées.

*b*11) *Faits* de la Cacodémonie = La raison positive de l'homme n'ayant pu, jusqu'à ce jour, concevoir ce désordre spirituel dans l'univers, les faits qui le concernent sont demeurés inconnus; et le secret en fut d'autant plus facilement gardé que, dans son enfance, la raison humaine se refusait à attacher foi aux faits mystérieux de ce fatal désordre. Toutefois, l'humanité en a été instruite par deux voix puissantes que voici :

*a*12) Par la *Providence* = Dans la RÉVÉLATION RELIGIEUSE, qui, sauf les altérations faites à dessein par ces esprits infernaux, n'a visiblement aucun autre objet que celui de signaler ce désordre spirituel.

*b*12) Par le *génie* = Dans les ÉLANS POÉTIQUES, ces avant-coureurs de le raison positive; par exemple, dans le *Faust* de Gœthe, le *Caïn* de lord Byron, etc.

*b*9) Anomalie dans la manifestation *indirecte* de la force morale = *Degrés ascensionnels ou progressifs vers ce désordre spirituel.*

*a*10) PHILOSOPHIE MYSTIQUE.

*a*11) Origine du philosophisme mystique = MYSTÈRES DE LA CHUTE DE L'HOMME, DE CAÏN, etc.

*b*11) Progrès de ce philosophisme.

*a*12) Indépendamment du progrès de l'humanité = MYSTÈRES D'ISIS, D'ÉLEUSIS, etc.

*b*12) Conjointement avec les progrès de l'humanité = *Esotérisme de Pythagore;* reproduction du *Système d'émanations;* les *Templiers;* le *Gnosticisme;* la *Cabale;* l'*Altération de la philosophie* (Pic de la Mirandole, Reuchlin, Agrippa); l'*Altération des sciences physiques* : Alchimie (Paracelse), Médecine (Weigel); l'*Altération des sciences morales* (Oporein, Bodenstein, etc.); les *Roses-croix;* la *Théosophie* (Boehme, Svedenborg, Saint-Martin, Coëssin, etc.).

*b*10) *Faits* du Mysticisme.

*a*11) Réalisés dans le *temps* = Histoire du mysticisme (Thaumaturgie, magie, théosophie).

*b*11) Réalisés dans l'*espace*.

   *a*12) Faits *antérieurs* = Archéologie du Mysticisme (œuvres thaumaturgiques, magiques, théosophiques : encore secrets.

   *b*12) Faits *présents* = Sociétés secrètes, qui, toutes mues par un ressort théosophique, continuent encore, malgré les gouvernements, à dominer le monde.

> *Nota.* — Ces sociétés secrètes sont détachées par bandes distinctes et opposées en apparence, professant respectivement et tour à tour les opinions du jour les plus contraires, pour diriger séparément, et avec confiance, tous les partis politiques, religieux et littéraires; et elles sont rattachées, pour y recevoir une direction commune, à un centre inconnu, où est caché le ressort puissant qui meut invisiblement tous les sceptres de la terre. Ce qui a fait dire : « Ils sont partout, dans les clubs et dans « les conseils, dans l'administration, dans l'ar- « mée. Il y en a au parlement d'Angleterre, « dans le congrès américain, au Vatican, à « l'Escurial, et jusque dans le sérail de Con- « stantinople... » Et ce qui a donné lieu à ce fameux distique de Schiller : « C'est là préci- « sément le vrai mystère, qui est étalé devant « les yeux de tous, qui vous entoure perpétuel- « lement, et que nul de vous ne peut aperce- « voir. » — Cette partie de la *Cacodémonie* est un extrait modifié de l'*Encyclopédie absolue du savoir humain*, de Wronski, manuscrit inédit, déposé, avec d'autres manuscrits, par Mme Wronski, à la Bibliothèque impériale, le 5 juillet 1865. (Voyez *Notice sur Wronski; Paris, Ladrange*, 1865.)

*b*6) Moyens *médiats*:

*a*7) Actes *économiques* (physiques).

   1° *Liberté de la boucherie.*

   2° *Liberté de la boulangerie.*

> « Aujourd'hui, on vend le pain cher et le blé bon marché. Il « en résulte qu'au moment où je parle, les populations qui sont « aujourd'hui nourries par nos blés payent le pain p'us cher « qu'avant la modification faite; et cela ne m'étonne pas. La « modification consiste à essayer *temporairement* ou de la liberté « de la boulangerie, ou de la taxe.... Vous n'êtes ni sous le

« régime de la liberté, ni sous le régime de la taxe. Vous êtes sous un
« régime bâtard.... Ceux qui voudraient du régime de la liberté, se
« sentant toujours menacés par un arrêté d'un préfet pour rétablir la
« taxe, alors qu'ils se seraient établis pour travailler avec la liberté,
« ceux-là ne s'établissent pas. D'un autre côté, ceux qui veulent de
« la taxe, qui ont confiance en elle, ne s'établissent pas non plus. Il en
« résulte que vous avez créé un monopole entre les mains des boulan-
« gers existants, personne n'osant donner à l'industrie de la boulangerie
« les développements qu'elle comporte. »
(M. Pouyer-Quertier, séance du 10 mars 1866.)

3° *Liberté des théâtres* (*in extenso*, des plaisirs : *Circenses et panem*).

« Vous avez décrété la liberté des théâtres; mais avec la censure
« vous faites ce que vous voulez sur la scène publique, et qu'y faites-
« vous, grand Dieu!... Que faites-vous de la scène française? Vous en
« avez fait un foyer de libertinage et d'impudicité; vous y exposez de
« honteuses nudités. Et puis vous ouvrez des bals masqués, et vous
« dites : Venez jouir et boire à la coupe que j'ai approchée de vos
« lèvres..... » (M. Jules Favre, *séance du   mars 1866.*)

4° *Expropriation de la propriété* (dont le caractère d'existence et
d'inhérence au *moi* de l'homme est *absolument* sacré et invio-
violable, hors un seul cas, celui de la *sûreté publique*).

5° *Exaltation du luxe* (faiblement accusée par une pièce de théâtre : *le Luxe*). —Mise à nu par le Sénat (Diatribe de M. Dupin).

6° *Prospérité artificielle*, fondée sur des produits éventuels (jeux
de bourse, loteries, emprunts, etc.).

7° *Exagération de travaux publics* (dont l'occasion conduit à un
déclassement de personnes et de situations, et dont la conséquence, après la cessation nécessaire de ces travaux, causera
une perturbation correspondante).

Nota. — Ces travaux exagérés, légitimement commandés après
la révolution de 1848, par la nécessité de donner du travail à la
classe ouvrière, ne laissent pas, par leur permanente continuation sur une grande échelle, à Paris et dans les grandes villes,
que d'établir l'analogue (moins la légalité) du *droit au travail*,
inhérent, quoi qu'on fasse, au principe de la souveraineté du
peuple. Or, d'après ce droit, l'équilibre économique des branches
industrielles est rompu, en ce qu'il porte sur la prédominance
dela *branche industrielle d'objets de besoin* pour la production du
salaire, dont la satisfaction pour le bien-être de la classe salariée
incombe, en ce qu'elle a ici d'exagéré, au *fonds social*, c'est-à-dire
au travail accumulé, à la propriété, et, par conséquent, préjudicie
aux trois autres branches industrielles, celle de *l'industrie d'ex-
ploitation foncière* pour la production du *revenu*, celle de *l'industrie
commerciale* pour la production de *l'intérêt*, et celle de *l'industrie
d'objets d'art* pour la production de la *gratification*. De la sorte, la
répartition du bénéfice social entre les quatre susdites classes
d'industrie ne porte plus que sur la production d'objets de besoin,
dont le marché social doit être presque exclusivement couvert
(dans le cas présent, tout ce qui est relatif aux travaux de con-
struction). Ce qui tendrait à réduire à zéro toute cumulation

économique, ou accroissement du fonds social, en qui réside la *fortune publique*. Et par suite, c'est-à-dire par un effet correspondant à cette réduction de la fortune publique, fortune qui consiste dans l'*aisance*, la condition du *loisir social,* qui permet à l'homme des occupations intellectuelles et morales, en dehors de celles qui se rattachent à son bien-être physique, n'existerait plus ; d'où s'ensuivrait un abrutissement intellectuel progressif, et par une conséquence, également nécessaire, un amoindrissement graduel de la famille dans l'extinction de la paternité, douce anticipation, ici-bas, de l'immortalité des êtres raisonnables. — Si un tel ordre de choses réel, déjà assez sensiblement apparent, n'a point sa pleine réalisation en face des présents travaux, c'est par suite de mesures forcées, hors de réalité (les fortunes éphémères ; les jeux de bourse ; les tentations de richesses pour des satisfactions en dehors de nécessité ; les industries artificielles, où s'engloutissent des capitaux qu'on veut rendre productifs ; les loteries, sous le couvert de la bienfaisance, produites avec le charlatanisme de la réclame, qui sont des incitations immorales semblables aux jeux où le *hasard*, qui, dans son inertie aveugle, rend les chances *illicites*, est substitué au *savoir* qui, par sa *spontanéité* clairvoyante, donne au jeu des règles *licites*) ; mesures qui, venant à cesser, comme cela doit arriver nécessairement, mettront à vif la plaie saignante, accusée ici.

Quant à la misère du peuple, dont, avec raison, on cherche tant à atténuer les douloureux effets, ce n'est ni la sympathie physique de la *fraternité*, ce mot favori de l'exclusive souveraineté du peuple, ni l'obligation religieuse de la *charité*, ce moteur de l'exclusive souveraineté divine, qui pourront jamais faire cesser cette misère. Car le droit au travail, qui résulte de l'une, en produisant plus d'aisance à la classe salariée, ruinerait le propriétaire, comme déjà on en voit les indices dans l'abaissement de l'agriculture aux abois, et par conséquent provoquerait le retour à la misère du peuple, en rendant la misère universelle ; et la charité de l'autre, en cherchant à refouler la misère, qu'elle considère, d'ailleurs, comme une calamité inévitable, à l'instar de tant d'autres suspendues sur l'humanité, n'y apporterait qu'un palliatif impuissant. Ce n'est donc ni à l'une ni à l'autre de ces deux souverainetés, dans leur exercice alternativement prépondérant, qu'il appartient d'effacer la misère du peuple ; mais bien à la souveraineté *absolue* ou *rationnelle*, telle que nous l'avons fait connaître dans le susdit *Etat antinomien*, et telle que nous allons la proclamer de nouveau plus bas ; laquelle, en neutralisant ces deux souverainetés *relatives*, dans ce qu'elles impliquent de vrai, ferme la voie à ces deux fausses excentricités économiques, et met la productivité économique dans son assiette normale, où apparaîtrait l'aisance de la classe salariée à côté de la richesse du propriétaire.

*b*7) Actes *politiques* (moraux et intellectuels).

1° Absence de toutes libertés, malgré le *droit de la vérité* qu'ont tous les membres de l'État de rechercher la vérité dans toutes les branches du savoir humain, et par conséquent de réclamer et de jouir des cinq libertés que voici, en tant que, du moins, en restant dans la voie *spéculative,* ces recherches ne porteront sur aucune résolution *pratique.*

a) Liberté illimitée de la *presse,* comme moyen de la discussion et de la propagation de la vérité, en s'abstenant de toute atteinte personnelle et de toute atteinte aux institutions existantes.

b) Liberté illimitée de *conscience,* comme moyen de la manifestation publique des sentiments et des croyances religieuses, en respectant cette même liberté chez les autres.

c) Liberté illimitée de l'*enseignement,* comme moyen pour les parents de transmettre à leurs enfants les opinions qu'ils ont droit de considérer comme la vérité, *en tant qu'elle n'est pas découverte.*

d) Liberté illimitée de *réunion,* comme moyen de communication réciproque et de discussion intime de toutes vues *spéculatives* et non *pratiques.*

e) Liberté illimitée d'*association,* comme moyen de communication publique ou de conservation privée de toutes vérités ou opinions *spéculatives.*

> *Nota.*—Une libéralité plus ou moins grande dans les restrictions politiques, est toujours le critérium d'une droiture plus ou moins grande dans la tendance de l'autorité souveraine.

2⁰ *Anéantissement de l'esprit public* (par voie de conséquence, et non de système préconçu). $=$ Impôt du timbre sur les brochures politiques, qui, considéré selon le principe absolu, sur lequel la philosophie s'appuie toujours, est une taxe dont la qualification, en ce qu'elle porte sur la *liberté de la pensée,* qu'il faut distinguer de la liberté de la presse (les journaux), qu'elle limite et supprime en quelque sorte, équivaut à ce crime irrémissible, le *Péché contre le Saint-Esprit,* dont parle l'Evangile.

3⁰ *Emprunts publics* avec chances de primes, pour en intéresser l'opération difficile.

4⁰ *Exagération progressive du budget.*

5⁰ *Direction intellectuelle,* au moyen de la culture philosophique $=$ *Nulle.* La vérité niée ou traitée de rêveries ; absence de véritables lumières philosophiques, cultivées sur la voie basse du bon sens (*Méthode naturalistique*). Destruction systématique, par fourberie et par conspiration du silence, des ouvrages dépassant les régions immanentes du savoir : $=$ ABRUTISSEMENT INTELLECTUEL (par prétendue civilisation, pire que l'abrutissement des sauvages, chez lesquels on peut espérer l'éveil de la spontanéité).

Nota. — L'humanité est mise sur le banc de l'accusation : ses juges, espèce de jury, sans conscience *intellectuelle*, c'est-à-dire sans déduction des faits par preuves ; sans conscience *morale*, c'est-à-dire sans atténuation ou aggravation des faits ; rendant sa *sentence* (justice par silence), sans *oui* ou *non,* dont le *prononcé* met au ban de la raison les destinées absolues de l'humanité (traitées d'utopie). — Ce n'est point à dire que, dans cette ignorance philosophique, les habiles ne puissent parvenir à faire accroire au public leur supériorité personnelle, suivant l'adage connu que : *Sous le règne des aveugles, les borgnes y sont rois.* — Un grand homme, peut-être le plus grand des mortels, Wronski, que ses contemporains s'obstinent à ne vouloir pas connaître, mais que la postérité, et sans doute la postérité la plus prochaine, saura bien apprécier, et qui a été l'objet de bien des jugements, la plupart fondés sur la présomptueuse vanité de parler de ses ouvrages sans les avoir lus, subit les conséquences de cette fatale sentence. — Ceci nous rappelle l'apostrophe de Bourdaloue en vingt monosyllabes, à propos des Jésuites sous la coulpe des *Lettres provinciales* : « Ce qu'un seul a mal dit, « tous l'ont dit ; ce que tous ont bien dit, nul ne l'a dit. »

6o *Direction religieuse* au moyen de l'investigation des problèmes de la révélation = *Nulle.* Insuffisance, du côté divin (le clergé stationnaire), et faux rationalisme du côté humain (les prétendus philosophes catholiques) ; des deux côtés, inintelligibilité des problèmes de la religion, qui sont aussi les problèmes de la philosophie = LA MORALITÉ FACULTATIVE (dans sa réduction à l'individualité (le relatif) sans liaison à l'universalité (l'absolu) : *morale indépendante,* tant préconisée aujourd'hui ; les *francs-maçons ;* les *solidaires* (des Pays-Bas, asile continu des hérésiarques et des sectaires) ; les *congrès d'étudiants,* etc.).

« Détruisons tout ce qui existe, et plus tard il surgira quelque chose : « mouvement d'incrédulité qui gagne toutes les religions. » (Le marquis de la Rochejaquelin, *Sénat, séance du 2 mars 1866.*)

Nota. — Cette croissante incrédulité, *fait* de l'émancipation progressive de la raison qui demande la *certitude,* prouve que la simple *croyance* est insuffisante, et demande un correspondant accomplissement de la religion

7° *Enseignements pédagogiques* (Sorbonne, Collège de France) ; sans valeur positive ; battologie ou gymnastique de l'esprit, où domine le brillant, sans *assimilation pédagogique du savoir* (assimilation de l'éducation de l'homme à l'éducation de l'humanité entière dans les progrès de son développement).

*b*5) *A l'extérieur* = Autre programme *personnel* (*).

*a*6) *L'Empire, c'est la paix.*

(*) Ce *b*5) est relié à l'*a*5) par le *b*4), page 24.

*a*7) Conditions de la paix = MOYENS DIPLOMATIQUES.

*a*8) Véritable objet de la *diplomatie* : Indépendance des États, en vue de la répartition des destinées humaines, et de leur accomplissement sous l'égide de cette nouvelle Minerve.

*a*9) Ne porte encore que sur la simple conservation des intérêts matériels = ÉQUILIBRE POLITIQUE DES ÉTATS.

*b*9) Est dépourvue du postulatum moral de l'accomplissement des destinées du monde.

*b*8) Application exclusive du principe purement *mécanique* d'équilibre politique des États, et par conséquent abandon de la *légalité morale* dans le principe diplomatique de l'indépendance des États.

*a*9) Reconnaissance au *congrès de Vienne* de cette insuffisance diplomatique = LA SAINTE-ALIANCE (principe indéterminé où ne transpire point la garantie de l'indépendance des États, fondée sur le susdit postulatum moral).

*b*9) Écarts persévérants de la diplomatie (la *Pologne*, nation désormais sans personnalité; *Rome*, perpétuité de la souveraineté divine, d'où dépend le maintien de toutes souverainetés quelconques, même républicaines.)

> « Pour le maintien de l'ordre, il ne suffit pas de la sévérité des « lois, il faut encore le frein des consciences, cet amour de la « justice et du devoir, ce respect du droit d'autrui, cet ensem- « ble, enfin, de conditions supralégales, qui constituent l'ordre « moral. » (M. Chesnelong, *séance du 28 février 1865.*) — « Tant « que la France est à Rome, c'est le drapeau français qui om- « brage le Vatican. Notre puissance seule est debout : Rome, « n'existait pas; Rome après nous, n'existera plus. » (M. Jules Favre.) Paradoxe, s'il en fut jamais, en face d'un progrès que nécessite l'*antinomie* dont M. Jules Favre n'a peut-être pas une idée assez déterminée, et sur laquelle il ne s'appesantit pas assez, comme étant une inconnue dont dépend toute solution politique; progrès que rien ne saurait empêcher et « que le « pouvoir temporel du Pape accepterait nécessairement, et « qu'il accepterait à l'instant même (comme l'a dit M. Kolb- « Bernard), et qui est dans ses désirs, dont la révolution, seule, « empêche l'effet. » (*Séance du 1ᵉʳ mars 1866.*) — « La papauté, « c'est le pape, avec le sacré collége, les conclaves, les con- « ciles, les congrégations qui sont les conseils délibérants « de l'Eglise, et les ordres religieux qui sont sa milice spiri- « tuelle. » (M. Granier de Cassagnac, *même séance.*)

*b*7) A défaut des moyens de la vraie diplomatie.

*a*8) *Guerre de Crimée* : Défaite de l'armée russe; obstacle à

l'établissement d'un nouvel empire byzantin par la fé-
dération des nations slaves, objet des vues de l'empereur Nicolas, et nouvelle anticipation personnelle,
déjà faiblement impliquée dans la Sainte-Alliance de
l'empereur Alexandre Ier, vers le susdit postulatum
moral.

*a*9) Fausse interprétation des vues de la Russie = *Prétendu envahissement de l'Europe pour une prétendue do-
mination universelle.*

*b*9) Vraie interprétation des vues de la Russie = *Obstacle
au développement de l'incessant esprit révolutionnaire,
en prenant pied sur l'Occident.*

*b*8) *Guerre d'Italie* = Permanence de l'esprit révolutionnaire.

> « La révolution cosmopolitique, dont l'un des centres prin-
> « cipaux est l'Italie. » (Kolb-Bernard, *séance du* 1er *mars* 1866.)
> — « Elle prendra toutes les formes, et saisira tous les pré-
> « textes. » (Antonelli.) — « Que le gouvernement se souvienne
> « qu'il est révolutionnaire. » (Pepoli. *Chambre des Députés,
> séance du* 9 *mars* 1866.)

*b*6) Visée de la France à sa prépondérance sur les autres États
= Gloriole nationale.

> « Je pense qu'on se rend ridicule aux yeux des nations quand on se
> « décerne à soi-même certaines qualifications, quand on se présente
> « comme maître des événements ; il faut écouter ces choses de la
> « bouche des autres, il est un peu ridicule de se les adresser à soi-
> « même. Je ne veux pas dire que la France peut tout en Europe,
> « parce que cela ne nous attire pas beaucoup de considération. »
> (M. Thiers, *séance du* 2 *mars* 1866.)

*a*7) Fausse dignité : celle des armes = Héroïsme militaire ;
retour à la deuxième période historique.

*a*8) Analogie de la France avec cette deuxième période ar-
riérée.

*a*9) Chez les Romains = *Despotisme* (patrons et clients ;
patriciat [résurrection actuelle de la noblesse]; plé-
béianisme [révolte intime qui attend son moderne
Spartacus]).

*b*9) Chez les Grecs = *Athènes et Sparte* (*Laïs* [les courti-
sanes ; le débordement des femmes, d'ailleurs pro-
voqué par le débordement des hommes]; et le *Brouet*
[le paupérisme actuel]).

*b*8) Comparaison avec les périodes postérieures à cette deuxième
période.

*a*9) Développement de la troisième période = Dignité *religieuse*
de l'homme.

*b*9) Développement de la quatrième période = Dignité *philosophique* de l'homme.

> *Nota.* — Pour donner plus d'accentuation à cette com-
> paraison, nous joignons, ici, la présente note, extraite de
> l'*Encyclopédie du Savoir humain*, manuscrit inédit de Wrons-
> ki, déposé à la Bibliothèque impériale; note qui termine
> une exposition de *l'exercice de la morale* :
>
> « De ce qui précède, il résultera, non-seulement une unité
> « dans les doctrines morales, mais surtout la tendance vers la
> « VÉRITABLE GRANDEUR DE L'HOMME. On ne verra plus alors
> « des coteries ériger en règles de civilité leurs singeries de
> « grandeur, leurs jeux de modes, et, ce qui est plus dangereux,
> « on ne verra plus des nations entières aller puiser la morale
> « à leurs *théâtres*, et prendre ainsi pour grandeur de l'homme
> « des jongleries héroïques, ou la fausse et TRÈS-FACILE gloire mi-
> « litaire.
>
> « Nous ne pouvons nous empêcher ici de faire apprécier à
> « sa juste valeur ce qu'on nomme *gloire militaire*, parce que ce
> « vertige paraît, dans ce moment (ceci pourrait bien avoir été
> « écrit par M Wronski sous le premier empire), s'être emparé
> « de toute l'Europe. — Pour cela, il suffira de reconnaître qu'il
> « n'y a de véritablement grand pour l'homme, que l'action de sa
> « raison, où se trouve la condition unique de sa dignité : tout ce
> « qui l'en écarte le rapproche de la brute, et sert à l'avilir. Or,
> « le combat n'est rien autre qu'une renonciation complète aux
> « moyens de la raison, pour établir la vérité : étrange et honteuse
> « condition de l'homme ! Ainsi, le dévouement à la patrie dans
> « les combats, quelque noble qu'il soit en lui-même lorsqu'il
> « est absolument nécessaire, doit être caché aux yeux de l'uni-
> « vers, comme la tache la plus honteuse de l'homme, comme le
> « monument de sa brutalité ; et si ce n'était pas contradictoire et
> « par conséquent impossible, il y aurait réellement quelque chose
> « de *glorieux* dans ce dévouement, mais bien différent de ce dé-
> « vouement même, c'est-à-dire l'effort pour le cacher. — Si l'on
> « joint à cette conviction celle de la facilité extrême d'agir en
> « brute, et d'acquérir ainsi des titres à la gloire militaire, on con-
> « cevra quelle est la valeur de cette prétendue gloire. »
>
> (Wronski.)
>
> « *C'est un guerrier éprouvé et intrépide. — Mon cheval l'est aussi;*
> « *et c'est pour cela que je lui donne une ration de fourrage. Je l'instruis*
> « *à combattre, à volter, à s'arrêter, à galoper.... »*
>
> (Shakspeare. *Jules César.*)

*b*7) Atteinte à la dignité nationale, étrangère.

*a*8) Grandeur prétendue de la France = Sa dégénération en
orgueil national, qui pourrait bien être la montre quelconque, morale, intellectuelle, scientifique, sans en
avoir la réalité, par rapport à d'autres nationalités.

*b*8) Met au cœur du blessé des plaies haineuses qui crient vengeance, laquelle s'accomplit tôt ou tard.

*b*2) La constitution de l'empire jugée sur ses effets, au moins sur ses tendances. == *Caractère actuel du gouvernement, quel est-il?* == *Question* (1866) (*).

*a*3) Le gouvernement de l'Empire fait défaut notoire au développement de la culture politique.

*a*4) La monarchie déchue en facilitait l'exercice, par l'admission des cinq susdites libertés.

    « La liberté et l'autorité étaient en présence, pour rendre « commune la pensée du pays. » (M. Thiers, *séance du* 26 *février* 1866.)

*b*4) La lutte antinomienne aurait fini, en confessant son état problématique, par en opérer la solution :

*a*5) Le parti *libéral*, en reconnaissant progressivement ce qu'il y a de *vrai* (sa voie d'investigation) dans le principe du parti illibéral, la pratique du BIEN ou la réalisation du vrai, au moyen de la *religion*, dont dès lors, il avouerait les dogmes ou les problèmes, en les joignant à son propre principe.

*b*5) Le parti illibéral, en reconnaissant progressivement ce qu'il y a de *bien* (sa voie d'investigation), dans le principe du parti libéral, la recherche du VRAI ou le principe des choses, au moyen de la *philosophie*, dont, dès lors, il accepterait les lois, en les joignant à son propre principe.

*b*3) Le gouvernement faillit-il à la science théorique de la gestion des Etats? *Autre question.*

*a*4) Considération *rétrospective.*

*a*5) Postulat de la direction de l'humanité vers ses destinées absolues.

*a*6) Tous les buts *terrestres*, donnés par la finalité de la création de l'homme, sont accomplis (raison relative).

1° Le but *physique*, par les peuples orientaux ==

___

(*) Ce *b*2) est relié à l'*a*2) par le *b*1) page 21.

> *Association sentimentale* des hommes (Législations divines).
>
> 2° Le but *moral*, par les Grecs et les Romains = *Association juridique* des hommes (État proprement dit).
>
> 3° Le but *religieux*, par les peuples chrétiens = *Association éthique* des hommes (Église).
>
> 4° Le but *intellectuel*, par les peuples protestants = *Association cognitive* des hommes (Législations humaines, au moyen de la *liberté de la pensée*, due au protestantisme. [Guerre de Trente ans]).

*b*6) Les buts *hyperterrestres* restent à accomplir, objet de la création propre de l'homme au moyen de sa raison absolue.

*a*7) L'antinomie actuelle, fruit nécessaire du développement antérieur, en ouvre la voie providentielle.

*b*7) Son problème et sa solution = MANIFESTATION DE FAITS FUNESTES OU SALUTAIRES.

*a*8) Problème sans *solution*.

*a*9) Absence de buts : retour des buts accomplis sur eux-mêmes, par suite de l'indestructibilité et de l'inconciliabilité des principes du parti du droit divin et du parti du droit humain, dans leur attache aux seuls buts terrestres, et aux principes de ces buts.

*a*10) Par la réunion de deux associations antérieures, *sentimentale* et *éthique* des hommes, chez le parti illibéral ou du droit divin = PRÉPONDÉRANCE DU PARTI ILLIBÉRAL ET EXTERMINATION DU PARTI LIBÉRAL.

*b*10) Par la réunion de deux associations antérieures, *juridique* et *cognitive* des hommes, chez le parti libéral ou du droit humain = PRÉPONDERANCE DU PARTI LIBÉRAL, ET EXTERMINATION DU PARTI ILLIBÉRAL.

*b*9) Faits *funestes*, manifestés dans l'éventualité des deux susdites exterminations, et nommément par la prépondérance, plus prononcée, du parti libéral qui, s'il arrivait à ses fins, conduirait à l'anéantissement des lois morales jusqu'à l'extinction de l'idée de leur origine divine. (Le matérialisme contemporain.)

*b*8) Problème *avec solution.*

*a*9) Aveu d'un but final (absolu), trouvé dans la conciliation effective des partis hétérogènes, au moyen de leurs principes transcendants dans la raison absolue.

*b*9) Faits *salutaires*, se manifestant dans l'affranchissement de la raison de ses actuelles conditions physiques ou terrestres = ACCOMPLISSEMENT DES DESTINÉES RELATIVES DE L'HUMANITÉ.

*b*5) Question *sans réponse*, par manque du savoir nécessaire, en raison de la limite *économique*, en ce qui concerne le but *physique*, revendiqué par la *nature* de l'homme (socialisme); *politique,* en ce qui concerne le but *moral*, revendiqué par les *relations temporelles* de l'homme (antinomie); *religieux*, en ce qui concerne le but *absolu*, revendiqué par les *relations éternelles* de l'homme (stabilité de la raison); et *philosophique*, en ce qui concerne le but *intellectuel* (la découverte de la vérité), revendiqué par la *liberté* (négation de la spontanéité créatrice). = POSTULAT DES DESTINÉES ABSOLUES DE L'HUMANITÉ.

*b*4) Considération *ultérieure* et *finale.*

*a*5) *Identification,* dans la raison, des principes de deux souverainetés, *morale* et *nationale* (moi relatif), au moyen de la souveraineté *rationnelle* (moi absolu), commune à l'une et à l'autre = LOI SUPRÊME DE LA POLITIQUE, ou accomplissement de la *justice* par la fixation des *buts absolus* de l'humanité, constituant ainsi le *but final* de la morale, et par conséquent le *but suprême de l'État.*

« Que le christianisme et le siècle fassent ensemble un pacte
« d'alliance, qu'ils se reconcilient l'un avec l'autre : le siècle
« profitera de la puissance morale du christianisme, et le chris-
« tianisme profitera de la puissance rationnelle du siècle, en l'é-
« vant jusqu'à lui. » (M. Jules Favre, *séance du* 1er *mars* 1866.) —
Cette belle péroraison, qui modifie son assertion du 28-février,
rapportée plus haut, page 35, manifestation de la plus haute intel-

ligence politique, digne d'avoir des échos retentissants parmi ses amis et dans toute la chambre, sort M. Jules Favre du parti dans lequel il s'est limité jusqu'alors, et le place avec la nouvelle acception qu'il vient de prendre, dans le rang *absolu* que lui assigne ici la présente *identification*, dont le problème, dans un esprit aussi élevé, n'est pas éloigné de sa solution, dans les termes où nous la produisons.

*a*6)ₐ Recours au *droit de la vérité*, inhérent à l'essence même des êtres raisonnables.

*b*6) Recours aux susdites *cinq libertés*, dont la suspension est légitimée par les funestes tendances révolutionnaires (Désaveu de la vérité politique) = JUSTIFICATION DE LA CONSTITUTION DE L'EMPIRE ET DE SON ACTION EXÉCUTIVE, par les deux règles de sûreté ou statuts suivants :

    *a*7) « Reconnaître que la vérité n'est pas encore découverte, et par conséquent que les principes en vertu desquels s'exercent les droits des deux souverainetés, morale et nationale, sont également faux, ou du moins qu'ils ne peuvent encore être reconnus comme vrais. »

    *b*7) « Accepter par anticipation, pour les gouvernements, le susdit droit de la vérité qui leur attribue une autorité absolue, sans les obliger à concéder aux peuples aucune des susdites cinq classes de libertés illimitées, puisque les peuples, comme il est facile de le reconnaître, n'ont pas encore, à l'époque présente, la conscience de l'importance attachée à la découverte de la vérité. »

    « Nous sommes condamnés, quel que soit notre respect pour
    « la libre expension de la pensée, à ajourner l'établissement
    « du système anglais et du système américain sur la presse....,
    « car nous ne voulons pas dissiper ce trésor de paix et de sé-
    « curité, amassé, jour par jour, par la sagesse du souverain et
    « par la vôtre : trésor précieux employé à payer le travail et la
    « prospérité des familles. » (M. Granier de Cassagnac, *séance du*
    16 *mars* 1866.)

*b*5) Conditions de la susdite identification, au moyen d'un quatrième pouvoir dans la constitution de l'État (*Pouvoir directeur*) = CONCOURS TÉLÉOLOGIQUE (final) DE LA POLITIQUE, ou *harmonie*, au moyen de ce pouvoir directeur, entre les deux souverainetés, morale et nationale, que doit réaliser ce pouvoir pour produire la transition de la moralité *temporelle* (hétéronomique ou étrangère à l'homme, pour la réalisation de ses intérêts terrestres), à la moralité *éternelle* (autonomique ou propre à l'homme, pour la réalisation de ses intérêts éternels).

*a*6) Fixation de ces intérêts éternels.

*a*7) Dans les caractères *inconditionnels du vrai absolu* ou de la vérité, objet du parti national ou libéral, au moyen de la *philosophie;* et dans les mêmes caractères *inconditionnels du bien absolu* ou de la pratique de la vérité, objet du parti moral ou illibéral, au moyen de la *religion* = Objet de la loi du progrès (réalisé dans l'*histoire*, considérée comme développement progressif de l'humanité.)

*b*7) Dans les caractères *inconditionnels* de toute génération absolue des réalités de l'univers = Objet de la loi de création (réalisé dans les *sciences*, considérées comme législatrices des réalités de l'univers).

*b*6) Établissement du *problème* de ces intérêts éternels (Destinées absolues de l'humanité), fixé par la susdite *loi suprême de la politique* = Problème universel de la politique, dans la création progressive du vrai absolu et du bien absolu, au moyen de la loi de création.

*a*7) *Solution* de ce problème = Naissance de l'esprit par l'esprit (objet et sujet, hors des conditions du temps), ou Accomplissement des destinées absolues de l'humanité.

*a*8) *Dualité* (isolée) dans ces buts absolus (le vrai et le bien) Accomplissement de la loi du progrès (l'histoire en développe toutes les réalités).

*a*9) Par la souveraineté *humaine* ou *nationale*, en vertu de la *découverte de la vérité;* reconnaissance et effectivité de la nécessité *spéculative* dans l'impératif de la loi morale = Fin autonomique (*loi* ou *maxime* propre de cette nécessité spéculative [*sujet*], pour un but propre [*objet*]).

*b*9) Par la souveraineté *divine* ou *morale*, en vertu de la *réalisation de la vérité dans le bien* (obtention de la *régénération morale;* retour à la pureté primitive [avant la chute]; reconnaissance et effectivité de la

nécessité *pratique* dans l'impératif de la loi morale.
= ACTION AUTOTÉLIQUE (*réalisation* propre de cette
nécessité *pratique* [*objet*] par une action où *but* propre
[*sujet*]).

*b*8) *Unité systématique* (composée) de ces deux buts absolus (le
vrai et le bien, la fin autonomique et l'action autotélique); leur réunion dans l'individualité des êtres raisonnables = CRÉATION PROPRE OU ACCOMPLISSEMENT DE LA LOI
DE CRÉATION (Obtention de l'immortalité).

Nota. — C'est pour avoir méconnu ces deux lois, la *loi de
création* et la *loi du progrès,* ces deux lois primordiales du
Créateur, qu'il s'impose, la première, comme limite de sa
liberté spontanée pour régler l'action de sa création, et la
deuxième, comme limite de sa *nécessité* aveugle pour régler
l'évolution inerte dans l'action de sa création, liberté et
nécessité impliquées dans la raison divine, et la représentant
comme étant, l'une et l'autre, cette raison elle-même; c'est,
dis-je, pour avoir méconnu ces deux lois, quoique pressen-
ties, que la philosohie germanique, d'une part, chez Kant,
dans sa dialectique *transcendentale,* n'a pu franchir l'abîme
des antinomies et autres idées illusoires pour le champ de
l'expérience dans lequel il se renfermait; et d'autre part, chez
les philosophes postérieurs à Kant, dans leur dialectique
transcendante, n'a pu produire que le problème des vérités
absolues, sans pouvoir en donner la solution; savoir :

Pour le problème *philosophique* (*la découverte du principe
premier du monde*), dont la solution consiste dans la création
du *vrai absolu* et la création du *bien absolu;*

Pour le problème *religieux* (*l'accomplissement de la religion*),
dont la solution consiste à réhabiliter l'homme de sa dépra-
vation morale, au moyen de la *voie du salut;*

Pour le problème *scientifique* (*l'établissement péremptoire des
sciences*), dont la solution consiste dans la *création des lois
qui régissent les réalités de l'univers;*

Pour le problème historique (*la transition des conditions
relatives aux conditions absolues de l'humanité*), dont la solution
consiste, au moyen de la *loi du progrès,* à opérer cette transition de l'ordre actuel à l'ordre futur, précurseur de l'accomplissement des destinées de l'humanité.

Pour le problème *politique* (*la cessation de l'actuelle tour-
mente sociale des nations*), dont la solution consiste à découvrir le *but suprême des Etats.*

Pour le problème *paraclétique* (*la fixation des buts absolus
de l'humanité*), dont la solution consiste dans l'accomplissement de la *raison absolue,* par la réalisation de *l'autotélie*
dans l'homme (principe de sa réalité pratique, tiré de l'essence même de sa raison absolue), et par l'établissemment
de l'*autonomie* dans l'homme (principe de sa réalité spéculative, tiré de l'essence même de sa raison absolue);

Enfin, pour le problème *ethnographique* (*la découverte de la vérité*), dont la solution consiste dans la *mission de l'humanité*, nommément dans la mission des trois grandes nations européennes, les *nations romaines*, pour la découverte du but suprême de l'Etat, les *nations germaniques*, pour la découverte du dogme suprême de l'Eglise, et les *nations slaves*, pour la découverte des fins suprêmes de l'humanité, et surtout pour la garantie de ces fins au moyen des forces physiques et morales de ces peuples.

*b*7) *Conclusion* : Le défaut à la solution de ce problème = PERMANENCE DANS L'ÈRE DES RÉVOLUTIONS.

*a*8) L'existence actuelle. = VIE MÉCANIQUE ET ARTIFICIELLE (animale), sans autre but que celui attaché à l'*individualité*. (La loi morale réduite à en exiger l'accomplissement envers soi [droit unipartiel], sans y répondre envers autrui [devoir omnipartiel]; renversement de son caractère obligatoire et *universel*).

*b*8) Sa persistance indéfinie = DÉGÉNÉRATION EN CHUTE MORALE : (Substitution progressive de l'idée du mal absolu à l'idée du bien absolu.)

Nota. — Autant pour confirmer l'éventualité d'une telle *dégénération*, que pour faciliter la notion de l'*esprit du mal* et du *désordre spirituel* qui en est la conséquence, dont nous avons donné le signalement plus haut, pages 28 à 30, nous allons produire les considérations suivantes, tout étranges qu'elles puissent paraître au prétendu esprit fort du siècle :

Les Écritures sacrées nous montrent Adam et Ève dans le *paradis terrestre*, où ils vivaient dans l'*état d'innocence*, c'est-à-dire dans l'ignorance du bien et du mal. Après la *chute des anges*, le *serpent*, qui n'est autre que le représentant du *démon* ou de l'ange déchu dans un monde antérieur au Paradis terrestre (monde postérieur), fit perdre, au moyen de la *séduction* de l'omniscience (*eritis sicut Deus*...), l'innocence des premiers hommes, c'est-à-dire les fit passer de l'état d'innocence à l'*état du péché*.

Après le péché, Adam et Ève furent chassés du Paradis; et il fut dit qu'ils seraient *soumis à la mort*, autrement dit qu'ils avaient perdu la tension existante dans la polarisation des parties élémentaires de la *vie* ou de l'existence absolue, l'individualité de l'*être* et l'universalité du *savoir*, considérées, l'une et l'autre, comme les deux éléments essentiels de la création de la *réalité* ou de la *substance humaine*. La mort n'est autre chose que cette polarisation rompue. Dès lors, l'innocence et le péché furent en présence, et formèrent une nouvelle polarisation dans une opposition qu'il s'agirait de faire cesser pour vaincre la mort ou recouvrer la vie perdue. Il y eut, dès lors, *scienee du bien et du mal* dans l'acquisition ou l'origine de la *raison*, c'est-à-dire dans le développement de la raison, correspondant à la perte successive de *l'instinct*, qui est cet état inconscient dans lequel la nature des premiers hommes suivait les penchants donnés : développement qui se fit parallèlement au développement libre du bien et du mal, par deux classes d'hommes opposées, les *agathodémons*, poursuivant l'universalité du savoir ou la nécessité absolue du vrai dans le retour à la vie perdue, en vue de vaincre la mort, et les *cacodémons*, cherchant, au contraire, à faire prédominer l'individualité de l'être, en poursuivant le péché jusqu'à la privation absolue du bien dans la réalité.

Nous ne suivrons pas toutes les péripéties attachées à ces deux classes d'hommes, dont l'histoire est d'ailleurs produite dans les livres sacrés. Qu'il nous suffise de dire que l'*Eglise* n'a point failli à nous signaler, d'un côté, par l'accomplissement progressif du retour à l'innocence, l'attente d'un retour au *Paradis céleste*, considéré comme rétablissement effectif de la polarisation primitive de la vie, où l'homme jouirait de l'*éternité des récompenses*, accordée à son *mérite*, dont la béatitude n'aurait plus à subir les conditions du temps ; et de l'autre côté, par l'accomplissement progressif du péché, l'attente d'un retour à la chute primitive du démon, dès lors un *Enfer*, considéré comme obstacle absolu au rétablissement de la polarisation primitive de la vie, où l'homme subirait l'*éternité des peines*, due à son *démérite*.

Empressons-nous, toutefois, d'ajouter que le retour à l'état absolu de l'innocence ou de la réhabilitation, pas plus que la progression du péché vers la damnation ou la destruction, ne s'étant point encore opérés sur la terre, c'est-à-dire sous les *conditions actuelles du temps*, sous lesquelles les actions humaines, morales ou immorales, se manifestent, le Paradis et l'Enfer n'existent encore, l'un que comme un postulat régulatif de la raison vers l'idéal céleste, l'autre que comme un même postulat vers les moyens perversifs de la création divine. Cependant, les principes de ces actions, morales et immorales, sont aujourd'hui l'objet du savoir humain : la *fin autonomique* et l'*action autotélique* (que nous avons signalées), sont les véritables conditions créatrices de l'objet proposé, qu'il soit le bien ou qu'il soit le mal. La virtualité de ces conditions est aussi puissante pour l'un que pour l'autre ; et dans elle, réside l'éventualité de la lutte qui s'établit aujourd'hui dans le monde civilisé, où le mérite et le démérite, en présence, peuvent conduire au salut où à la perte de l'humanité.

Un état mixte, entre les conditions du temps où se développe la réalité humaine, et les conditions hors du temps, où l'*éternité des récompenses* et l'*éternité des peines* n'ont pas encore leur raison d'être ; un tel état mixte, correspondant aux conditions temporelles de la vie humaine, existe ; et également il n'a point échappé ni à la révélation, ni à l'Eglise : c'est le *Purgatoire*, lieu où se fait l'examen de la conscience. Là, dans le Purgatoire, s'opère, soit l'*expiation* par une progressive réhabilitation ou retour à l'innocence, soit la *destruction* par un progressif dénûment de réalité de vie. « La continuation « perpétuelle de notre existence avec le sentiment simultané des per- « fections qui nous manquent et des imperfections que nous avons, » comme l'a avancé M. J. Wallon dans sa spirituelle lettre sur l'*éternité des peines*, quelque peu excentrique à l'orthodoxie catholique, ne nous permet pas d'y voir l'Enfer, car où règne la conscience de perfections et d'imperfections, règne le domaine du temps qui exclut l'éternité. C'est l'image de la vie dans le temps, c'est-à-dire de notre existence présente sur la terre où le *sentiment simultané* en question est un fait de conscience. Et cette même conscience après la mort ne peut être représentée que dans le Purgatoire où se continue, en dehors du temps, l'aspiration éternelle, cette attente du bien, que le Christ est venu confirmer, en descendant dans les *limbes*, et rassurant ainsi les esprits inquiets.

Il a promis à ces âmes, en grâce expectative, le *salut* qu'il venait de donner à la terre, dans ses trois grands problèmes, du *Verbe dans l'homme*, de la *Régénération spirituelle*, et de l'*Esprit de vérité*; problèmes qui, aujourd'hui résolus par le *mérite* de l'homme, auquel ces esprits participeront par leur *solidarité anticipée*, ont pu, par cette solution, accomplissant la *vérité*, déterminer, ainsi qu'il vient d'être fait, ce qu'il faut entendre par l'*éternité des récompenses*, l'*éternité des peines*, et le *Purgatoire*.

POST-SCRIPTUM

Bien qu'on parle beaucoup en France de la philosophie germanique, nous pensons qu'elle est encore complétement méconnue.

D'abord, en ce qui concerne la *philosophie transcendantale*, les traductions que le laborieux et pénétrant M. Tissot, doyen de la faculté de philosophie de Dijon, nous en a données, sont assez difficiles à l'intelligence commune. Il y a bien les deux expositions, assez populaires, de Charles Villers et de Kinker, mais elles sont fort rares, et d'ailleurs n'impliquent point suffisamment le caractère de détermination que nécessité la philosophie pour qu'il en résulte un fruit productif, c'est-à-dire pour qu'il devienne objet de la pénétration de la part de celui qui l'étudie. En France, généralement, on écrit de la philosophie comme de la littérature. Il s'agit, avant tout, d'être brillant dans la forme. Le lecteur lira aisément, c'est ce dont l'on s'inquiète, mais que percevra-t-il ? — La faculté appropriée à la philosophie est la *déterminabilité*. Une philosophie qui serait intelligible à la première lecture serait, quoi qu'on veuille en penser, tout autre chose que de la philosophie.

Ensuite, en ce qui concerne la *philosophie transcendante*, qui porte sur les *principes créateurs* des réalités, exclusivement à la philosophie transcendantale qui repousse ces principes, et n'en prend que ce qui compète au domaine de l'expérience, nous affirmons que, tout autant que celle-ci, elle n'a pas trouvé d'interprètes clairvoyants.

La philosophie transcendantale appartient exclusivement à Kant. Elle se réduit à la *fixation de la réalité* par la synthèse du savoir et de l'être, c'est-à-dire la réunion de l'*objet*, soumis à la connnaissance, avec la *pensée*, qui en donne la signification. En fixant ainsi la réalité, Kant excluait toute connaissance ultérieure, prétendant qu'elle devait toujours se réduire à cette synthèse : toute autre investigation, faute de correspondre à une intuition, conduisant à de pures illusions. Dans ce système, qui refait, en quelque sorte, la carte de la raison humaine, et annule toute philosophie antérieure, qui n'est plus qu'une propédeutique archéologique, on ne saurait ajouter aucun document philosophique à cette critique du savoir. On peut dire que la matière est épuisée.

Toutefois, cette exclusion de tout développement ultérieur implique une contradiction, car limiter nos connaissances, c'est *savoir*, c'est *reconnaître* qu'il y a quelque chose hors de la limite qu'on fixe ainsi arbitrairement. En effet, tout l'ensemble de nos connaissances, tel que Kant l'envisage dans la *fixation de la réalité* par la synthèse de l'être et du savoir, doit apparaître à la raison comme la conséquence d'un principe qu'elle postule, et que, cependant, Kant interdit à l'homme d'aborder. Il a donc, par cela même, établi le *postulat* de ce principe, c'est-à-dire qu'il a réellement débordé la sphère des connaissances phénoménales, auquel il prétend réduire toute sa *critique*. Et c'est là en quoi consiste la contradiction.

C'est alors, et en face de ce postulat, que s'établit la philosophie transcendante, déjà même sous l'existence actuelle et désormais perpétuelle de cette doctrine. En effet, les successeurs de Kant, ayant senti cette contradiction, n'ont pas tenu compte de la limitation imposée par lui; et, cherchant à étendre la sphère des connaissances, dans laquelle Kant, lui-même, était entré par son postulat, ils se sont élevés jusqu'à vouloir connaître positivement ce principe postulé par Kant: principe qui est celui-là même dont dérive le système de nos connaissances phénoménales, considéré comme conséquence.

Ces recherches, en épuisant toutes les voies possibles, dans lesquelles ont pénétré les plus grands penseurs de l'Allemagne : Reinhold, Jacobi, Fichté, Bardili. Bouterweck, Hegel, Krause et Schelling, ont abouti à découvrir que la nature intelligible, le noumène (par opposition au phénomène), que l'on cherchait, devait consister dans *l'identité primitive du savoir et de l'être;* et c'est là en quoi consiste la *fondation de la réalité.* Kant cherchait et constituait la réalité phénonale (relative) dans la synthèse des éléments *créés,* le savoir et l'être; les philosophes qui le suivirent cherchèrent et constituèrent la réalité nouménale (absolue) dans les principes *créateurs,* le *moi,* considéré comme *conscience créatrice,* et le *non-moi,* considéré comme ayant une même valeur *virtuelle :* moi et non-moi identifiés dans la réalité.

Si la prétention d'une telle production créatrice n'est pas précisément légitimée, comme nous l'avons établi aux pages 43-44 du présent opuscule, on ne saurait disconvenir que le problème de la *réalité absolue* est bien exactement posé, et qu'on ne saurait y substituer aucun autre principe qui corresponde à l'idée de l'absolu.

Rien, donc, ne saurait atteindre ni la philosophie transcendantale, comme fixation de la réalité phénoménale, ni la philosophie transcendante, au moins comme problème de la fondation de la réalité nouménale. Cela suffit pour la glorification de la raison humaine, en dépit de ses dépréciateurs.

D'aussi hautes considérations sont faites pour provoquer l'attention des hommes supérieurs. Et c'est cette attention que nous espérons appeler sur la production sommaire de cette philosophie germanique, dans une prochaine publication, s'il plaît à Dieu de nous en donner le pouvoir. Et en le faisant nous croirons être utile à la France, en supposant qu'elle y attache de l'intérêt.